AF253657

CHANZY

Paris. — Imprimerie Viéville et Capiomont, 6, rue des Poitevins.

LE GÉNÉRAL CHANZY

PAR

JULES ROLLAND

AVEC UNE PHOTOGRAPHIE

« Le devoir strict de tout bon citoyen
est d'exécuter fidèlement les lois que le
pays s'est librement données. »
Général CHANZY.

PARIS

FRÉDÉRIC GIRAUD, LIBRAIRE-ÉDITEUR

19, RUE DE SÈVRES, 19

1871

Tous droits réservés.

CHANZY

On ne peut pas dire du général Chanzy, comme du général Faidherbe, qu'il aime la réclame. Durant la guerre, celui-ci se privait rarement de parler de dame République dans ses dépêches ou ses proclamations ; celui-là n'y parlait jamais que de la France.

Le général Faidherbe flattait les idées révolutionnaires de ses jeunes soldats, c'est-à-dire soignait *sa renommée*.

Le général en chef de la deuxième armée de la Loire, lui, ne songeait qu'au salut de la France. De là son langage bref, concis, tandis que celui de M. le général Faidherbe n'était qu'un écho de la parole aussi creuse que sonore de son dieu créateur Danton, je me trompe, Gambetta. La première façon d'agir est d'un républicain égoïste; la seconde d'un cœur vraiment français, d'une âme patriotique.

Avant l'affreuse honte de Sedan, le général Chanzy, on peut le dire, était à peu près inconnu.

Le brave Mac-Mahon, quoique blessé, écrivit une lettre à M. Gambetta, ministre de la guerre, ministre de l'intérieur, ministre... est-ce tout? pour l'engager à confier un commandement au jeune général. « C'est le seul de nos généraux, disait le maréchal, qui soit capable d'opposer tactique à tactique, et qui puisse tirer la France de la situation où elle est. »

Mac-Mahon ne se trompait pas tout à fait : le général Chanzy est un de nos officiers généraux les plus capables.

On a trop facilement expliqué nos désastres en disant que nos officiers ne savent pas la géographie. Assurément nos ânes galonnés furent, sont encore nombreux; mais il faut mépriser les détracteurs quand même, et affirmer que nous avons aussi des généraux capables : Mac-Mahon, Cissey, Ladmirault, Vinoy, d'Aurelles de Paladines, Chanzy... et d'autres.

La vraie cause de nos désastres, l'ignore-t-on? C'a

été : une désorganisation absolue, beaucoup de lâcheté, une honteuse démoralisation.

Désorganisation, lâcheté, ces vices ont leurs racines chez les peuples sans foi. Pendant la campagne de France, vit-on jamais fuir les zouaves de Charette ou les soldats de Cathelineau?

Qui a sauvé l'armée de la Loire à Artenay? Les zouaves de Charette.

Qui a sauvé l'armée de la Loire à Patay? Les zouaves de Charette.

Qui a sauvé l'armée de Chanzy au Mans? Encore les zouaves de Charette et les volontaires de Cathelineau.

Avec cent mille zouaves pontificaux, la France fût allée à Berlin.

C'est parce que ces hommes avaient la foi qu'ils se battaient si bien et savaient mourir, même sous le drapeau de la république, qui n'était point le leur.

Le général Chanzy est né le 16 mars 1823, à Nouart, petit village situé dans le département des Ardennes, près Stenay, où l'armée de Mac-Mahon ne put passer la Meuse faute d'équipages de pont. Le

29 août 1870, lors du combat de Bois-les-Dames, Nouart essuya le feu des batteries prussiennes et celui des batteries françaises entre lesquelles il se trouvait. Un moment même, le cimetière où reposait le père du général Chanzy, brave soldat du premier empire, servit d'embuscade à nos ennemis. On s'explique donc l'acharnement avec lequel le commandant en chef de la deuxième armée de la Loire a combattu les Prussiens : il avait à venger et la France et son cher pays natal.

Le général Chanzy a fait ses études au lycée de Verdun-sur-Meuse. Tout enfant, il se fit remarquer par une vive intelligence, surtout par une rare énergie de caractère. Sa jeune volonté ne pliait devant aucun obstacle ; on disait de lui : *c'est une tête brûlée*. Le jeune Chanzy sembla vouloir confirmer ce jugement : il s'engagea comme simple mousse sur un vaisseau de guerre. De simple *mousse*, pensait-il, il faudra bien que je devienne *amiral*. Heureusement pour la France, au bout d'un an d'un rude apprentissage, la raison vint au mousse. Le jeune Chanzy voit son avenir brisé par ses études interrompues ; il renonce à la marine et se remet au travail pour entrer, cette fois, dans l'armée de terre ; sa vocation pour la carrière des armes ne se démentait pas.

L'ancien mousse fut admis à Saint-Cyr, mais dans les derniers rangs ; l'élève se ressentait d'une année perdue. Aussi, une fois à l'École, il s'efforça de donner à ses camarades l'exemple de la tenue et de la discipline, et se livra au travail avec opiniâtreté ; il sortit second de Saint-Cyr.

Le jeune sous-lieutenant fut incorporé dans un régiment de zouaves et envoyé en Algérie. Là il ne cessa de mettre à profit les loisirs du campement et du bivouac ; il parvint ainsi à posséder toutes les langues du pays, ce qui eut pour résultat de le faire nommer capitaine des bureaux arabes.

Chanzy, dans cette position, où tant d'autres ont été accusés de concussion, sut se concilier l'affection et l'estime des indigènes : ceux-ci admiraient sa probité ; de là les surnoms de juste et de bon marabout qu'ils lui donnèrent.

Chanzy ne cessa de résider en Afrique jusqu'en 1859 ; à cette époque, il partit pour prendre part à la guerre d'Italie avec le grade de chef de bataillon au 23ᵉ de ligne. Sa belle conduite pendant toute cette campagne, notamment à Solférino où il fut cité à l'ordre du jour, lui valut le grade de lieutenant-colonel au 71e de ligne.

En 1860, lors de l'expédition de Syrie, le général d'Hautpoul demanda auprès de lui le lieutenant-colonel Chanzy, réputé pour sa connaissance approfondie des mœurs et des langues orientales ; il lui confia la direction des affaires politiques. Le tact et l'habileté avec lesquels Chanzy s'acquitta de cette mission délicate, lui valurent d'être promu officier de la Légion d'honneur.

En 1864, Chanzy fut nommé colonel du 48e de ligne, et obtint, sur sa demande, de retourner en Afrique où il fut placée à la tête de la subdivision de Sidi-bel-Abbès. Dans ce nouveau poste, le colonel Chanzy donna des preuves de ses talents administratifs ; en outre, il eut plus d'une fois l'occasion de montrer sa grande force de caractère, son savoir, son rare sang-froid et son courage.

Nous citerons l'épisode suivant des silos des Ouled-el-Nahr :

« Une belle nuit, raconte un ancien compagnon

d'armes de Chanzy, un éclaireur vint lui annoncer qu'un goum considérable des Ouled-el-Nahr, estimé à un minimum de 500 cavaliers, venait avec un convoi de chameaux faire du grain à notre barbe, et se ravitailler aux silos de la tribu, que le colonel, toujours humain, n'avait pas voulu détruire ni brûler.

« Le matin, au jour, il m'envoie sur une hauteur observer les silos; d'un autre côté allait son lieutenant-colonel, M. Frébault de Kerhader. Au retour, contradiction dans nos rapports : le lieutenant-colonel n'a rien vu; moi, j'ai vu, et je crois le goum nombreux.

« Le colonel, toujours charmant, tranche la querelle en disant : « Eh bien! nous retournerons ensemble, « nous emmènerons les Silougis, et, au retour, nous « chasserons si nous ne trouvons rien. » Il autorise les officiers montés à le suivre, commande trois pelotons de spahis d'escorte, envoie un maréchal des logis de spahis *fort classique*, Boukra, l'ancien chaouch du capitaine Doineau, avec quelques cavaliers en éclaireurs sur la gauche, et nous partons sous bois.

« Arrivés à la hauteur des silos, nous prenons la

plaine et entamons un temps de galop ; Boukra faisait des signes avec son burnous pour nous arrêter, mais il était mal compris. Le colonel galopait en tête, sa longue pipe arabe à la main ; derrière lui, trente officiers de toutes armes, en partie de plaisir ; plus en arrière, les spahis. Une ondulation de terrain nous masquait les silos ; nous la gravissons sans changer d'allure. Arrivés sur la crête, nous nous trouvons face à face avec un goum de 300 cavaliers, le fusil haut. Chacun s'arme, qui de son sabre, qui de son revolver. Je vois encore le colonel Chanzy, commandant : « Halte ! » non de la voix, mais d'un geste qui semblait placer en barrière devant nous le long tuyau de sa pipe. Puis, s'adressant aux Arabes, il les sommait de se rendre et appelait d'un signe à sa botte les chefs des insoumis. Ils y vinrent. Aussitôt nous les entourâmes, l'arme au poing. Il leur fit en arabe une allocution, dont je n'ai eu le sens qu'au retour.

« La France, leur disait-il, vous pardonne, et, pour
« vous prouver ma confiance, je laisse tous vos ca-
« valiers libres ; qu'ils aillent chercher les tribus. »
— Sur un signe, les cavaliers partirent. Nous enlevâmes nos prisonniers et regagnâmes le camp au plus

vite. Trois jours après, cinq grosses tribus révoltées étaient rentrées dans la soumission. »

C'est en 1869 que Chanzy fut élevé au grade de général de brigade ; il prit part, au commencement de cette année, à l'expédition du Sud conduite par le général de Wimpfen, et au succès de laquelle il contribua beaucoup.

Aussitôt que la guerre contre la Prusse fut déclarée, le général Chanzy, poussé par son ardent patriotisme, s'empressa de demander un commandement actif. Il eut la douleur d'essuyer un refus. Hélas! une suite de désastres inouïs ne devait pas tarder à rendre le secours de ses talents militaires nécessaires, indispensables à la France. Chanzy fut rappelé d'Afrique au commencement d'octobre, et nommé peu après général de division.

Le général Chanzy n'est pas un de nos officiers qu'on puisse accuser d'ignorance topographique ; il l'avait déjà prouvé longtemps avant la guerre de 1870. — En 1850 ou 1851, un conflit s'étant élevé entre la France et le Maroc pour la délimitation de frontières, le gouvernement de l'Algérie, sur l'ordre

du ministre de la guerre, demanda un travail capable
d'éclairer la question. Or le lieutenant Chanzy, dé-
taché aux bureaux arabes, avait précisément occupé
ses loisirs à faire la levée topographique des lieux,
objet du litige ; son travail fut trouvé remarquable,
et il fut appelé à Paris. Là, le prince président l'ayant
prié de manifester ses désirs d'avancement, Chanzy
s'oublia lui-même pour solliciter un emploi en faveur
de son frère.

C'est à la tête du 16e corps que le général prit une
part très-importante à la bataille de Coulmiers. Au
combat de Patay, il enleva les positions très-fortement
occupées par l'aile droite de l'armée prussienne. Mais
ce qui mit le sceau à sa réputation d'habile tacticien,
ce fut son mouvement de retraite exécuté sur le Mans
à la suite des malheureux événements qui placèrent
entre ses mains le commandement de la deuxième
armée de la Loire. On ne peut s'empêcher de quali-
fier cette retraite d'admirable, si l'on songe qu'elle
fut exécutée avec des troupes jeunes et en partie dé-
moralisées par la défaite. Pendant trois jours, le brave
Chanzy soutint les attaques continuelles des armées
de Frédéric-Charles et du duc de Mecklembourg.

Voici le récit le plus exact qui ait été fait de cette lutte glorieuse :

« Le général Chanzy, chargé, après la retraite d'Orléans, du commandement des corps qui se trouvaient sur la rive droite de la Loire, avait profité des deux journées que lui avait laissées l'ennemi pour rallier ses troupes et les établir dans de bonnes conditions, entre Meung et Beaugency.

« Le 7 décembre, les premières colonnes de Mecklembourg furent accueillies aux abords de Meung par le feu de nos soldats. Suivant les évaluations allemandes, 10,000 des nôtres occupaient, aux environs de cette ville, des coteaux couverts de vignobles.

« Au delà de Meung, et en avant de Beaugency, l'armée française formait une triple ligne ayant à sa droite Mersas et Villorceau, au centre Beaumont, à sa gauche Cravant, et s'étendant en arrière, toujours sur la gauche, jusqu'à Saint-Laurent-des-Bois sur la lisière de la forêt de Marchenoir. Le quartier général était à Josnes. Une plaine légèrement ondulée séparait les deux armées; mais les échalas laissés dans les vignes entravaient la marche de l'artillerie et de la cavalerie allemandes.

« Meung fut occupé sans trop de difficulté par l'ennemi ; au delà, la résistance fut assez vive pour le forcer à faire un pas en arrière et à se retrancher dans les maisons de Meung. Mais bientôt l'artillerie arriva et la bataille s'engagea avec ardeur.

« D'après les récits allemands, la division mecklembourgeoise éprouva de grandes pertes, mais l'artillerie arrêta le mouvement en avant que tentèrent les Français : l'arrivée des Bavarois, qui accouraient à marches forcées, permit à l'ennemi de reprendre l'offensive. Les dépêches françaises ont affirmé que notre armée avait gardé ses positions ; les correspondances anglaises, d'accord avec les télégrammes allemands, prétendent, au contraire, que notre armée a été, dans la soirée, refoulée sur Beaugency. La contradiction s'explique, si l'on réfléchit que la masse de l'armée française, concentrée près de Beaugency, n'a pas été entamée par l'ennemi. La première ligne et les corps postés en avant sur la route d'Orléans avaient seuls été repoussés des positions qu'ils occupaient.

« Le lendemain, 8 décembre, notre armée avait fait un pas en arrière et s'était établie sur une chaîne de collines commençant près de la Loire, au village de Travers, sur la rive droite d'un petit cours d'eau qui se jette dans la Loire, et s'étendant jusqu'à Villorceau. Les Allemands occupaient une ligne de collines à peu près parallèles partant de la Loire, près de Baulle, et se prolongeant vers Cravant. Leur but paraît avoir été de tourner la gauche des Français, de les acculer à la Loire et de les envelopper. Dans ce but, ils avaient porté la meilleure partie de leurs forces à Cravant, sur leur droite, qui était formée par la 22ᵉ division; au centre, se trouvaient les Bavarois; à gauche, en avant de Baulle, la 17ᵉ division se tenait sur la route de Beaugency. Les Mecklembourgeois qui la composaient, apercevaient nos soldats qui conservaient encore le village de Messas, à droite de la route, entre Baulle et Beaugency.

« La bataille commença sur les huit heures; les Mecklembourgeois devaient engager l'action; mais ils furent prévenus par les Français qui prirent l'offensive. La canonnade s'ouvrit sur toute la ligne, spécialement sur le centre et la droite allemande. Sur la gauche, le village de Messas fut pris par les Allemands après quelques heures de résistance.

« Pendant que se livrait le combat d'artillerie, des manœuvres de cavalerie et d'infanterie s'exécutaient sur le flanc des combattants et dans la plaine qui séparait les deux armées. La cavalerie allemande, massée sur la droite et soutenue par les réserves, repoussait une attaque des Français. Une attaque des nôtres sur le centre allemand était repoussée avec le même succès par les Bavarois, qui, prenant l'offensive à leur tour, donnaient deux fois l'assaut à la colline où se trouvaient établis les Français, et se voyaient deux fois rejetés dans la plaine. Sur la colline, près de la Loire, une batterie française, composée de pièces à longue portée et servie par des artilleurs de la marine, faisait de sérieux ravages dans les rangs de l'ennemi.

« En définitive, les Allemands rencontraient sur ce point une résistance plus énergique qu'ils ne s'y attendaient. De l'aveu de l'ennemi, nos mobiles montraient une vigueur et une solidité qui les étonnaient. Mais les Prussiens profitaient des avantages qui résultaient de leurs victoires d'Orléans. Vers une heure de l'après-midi, un corps appartenant au prince de Hesse, qui avait suivi la rive gauche de la Loire, établit des batteries et ouvrit le feu sur Beaugency que nos troupes évacuaient; ce bombardement inutile, comme effet direct, se prolongea jusqu'à la fin du jour.

« Quand la nuit arriva, l'ennemi était en possession de nos positions avancées, Messas et Beaugency étaient en son pouvoir; mais notre armée n'était pas entamée. La situation n'en était pas moins grave par la présence, sur l'autre rive, d'une division allemande qui pouvait d'un moment à l'autre surprendre un passage, traverser le fleuve, prendre l'armée française à revers et contribuer à lui couper toute retraite.

« La journée du 9 trouva nos soldats dans les mêmes positions que la veille; dès le matin ils prirent l'offensive et engagèrent l'action avec beaucoup d'entrain. Jusqu'à midi, ils réussirent à repousser les attaques dirigées par l'ennemi du côté de Villorceau, où les Bavarois subirent des pertes cruelles. Vers le soir, les Allemands parurent ressaisir l'avantage; Beaugency était occupé; notre armée, attaquée vive-

ment sur sa droite, était menacée de se voir tournée
sur sa gauche. Le général Chanzy prit avec décision
le seul parti qui lui restât : il ramena toutes ses forces
de sa droite sur sa gauche, s'éloigna de la Loire, et
fit toutes ses dispositions pour remonter vers le Nord,
par Josnes et Saint-Laurent-des-Bois [1]. »

C'est en suivant cette tactique que le commandant
en chef de la deuxième armée de la Loire parvint à
gagner le Mans. Jusqu'au 12 janvier, il ne cessa de
livrer aux Prussiens des combats dans lesquels il
avait presque toujours l'avantage et se rapprocha sen-
siblement de Paris. Mais, à cette date fatale, l'armée
du général Chanzy, accablée par le nombre [2], dut
abandonner en un jour tout ce qu'elle avait gagné à
force des plus grands sacrifices. C'est *le cœur déchiré*,
télégraphiait Chanzy, que j'ordonne la retraite. On
sait le reste. Le 28 janvier, Paris capitulait ; un ar-
mistice de vingt et un jours était signé, afin de per-

1. *Gazette de France*, J. Bourgeois.
2. Les armées du prince Frédéric-Charles et du grand-duc
de Mecklembourg avaient été renforcées par une portion de
l'armée du prince royal de Prusse, venue de Chartres, de
Vendôme et des environs de Paris.

mettre à la France d'élire une Assemblée, laquelle aurait mandat de traiter avec l'ennemi.

On n'a pas oublié que, prévoyant le cas où l'Assemblée déciderait la continuation de la guerre, le général Chanzy avait préparé un nouveau plan de campagne; à son avis, la lutte était encore possible. Ce courage invincible ne vous rappelle-t-il pas Vercingétorix retranché dans Alésia et déployant un suprême effort pour rendre à la Gaule son indépendance?

Le 8 février 1871, la France, comme témoignage de sa sympathie et de sa vive reconnaissance, envoya le général Chanzy siéger à l'Assemblée nationale. Là, le général fit encore son devoir de soldat : il vota contre la paix. Mais la Chambre, de son côté, accomplit un acte de patriotisme et de bon sens en arrêtant la guerre, dont la continuation eût été la ruine complète, l'anéantissement de la France.

Hélas! une épreuve plus terrible que toutes celles que notre malheureux pays avait traversées ne devait pas tarder à survenir. Le 18 mars, le gouvernement légal, trahi par la défection de troupes indisciplinées, se voyait contraint d'abandonner la capitale où, grâce à l'indifférence vicieuse des Parisiens, s'établissait un gouvernement de gredins sous l'appui de bandes non moins avinées que criminelles et sataniques.

Le vaillant général Chanzy eut la mauvaise fortune de tomber entre les mains de la vile populace qui avait assassiné l'honnête général Lecomte et le républicain Clément Thomas; on sait qu'il parvint heureusement à recouvrer sa liberté après être resté enfermé pendant dix jours dans la prison de la Santé. — Rien ne vous remplit plus le cœur de dégoût que cette ignoble arrestation du général Chanzy. « Allons! mes amis, à mort! à mort! » criait la foule ameutée autour du véhicule dans lequel on avait fait monter le prisonnier. « A mort! » Et le brave qui avait si bien défendu sa patrie fut obligé de mettre pied à terre et d'essuyer les sales insultes de ces barbares modernes. On lui crachait à la face, on le frappait à coups de bâton, les femmes le tiraient, les enfants le poussaient. C'est par miracle qu'il arriva vivant à la prison de la Santé. Et cette infamie s'est passée dans Paris, capitale de la France, centre de la civilisation moderne.

Décidément, j'aime mieux les sauvages!

Cette arrestation a-t-elle influé sur celui qui en fut la victime? Nous l'ignorons. Toujours est-il que le général Chanzy a rédigé le fameux rapport concluant à la dissolution de la garde nationale et qui lui a valu, à la Chambre, de si chaleureux applaudissements; dans le pays, l'estime de tous les honnêtes gens. — Quelques citations : « Trop souvent la garde nationale, loin de réprimer les séditions, n'a fait que leur prêter aide et concours. . . . . : . . . .

« Les bataillons de la garde nationale de Paris, formés par le gouvernement du 4 septembre, et dont il n'a pas su se servir, furent le noyau des forces de l'infâme Commune. Ils devinrent l'instrument docile et lâche des sociétés secrètes. . . . .

« La garde nationale est née d'une pensée de suspicion à l'égard de l'armée. Or, cette situation ne saurait plus exister. L'armée est encore le meilleur rempart contre le désordre intérieur, en même temps que notre épée contre l'étranger. . . . .

« La garde nationale ne fait dans aucun grand centre de service utile. . . . .

« Il est essentiel, alors que le suffrage universel donne à tout citoyen le droit d'émettre, par son bulletin de vote, son opinion sur les affaires du pays, qu'une institution qui devient inutile ne lui laisse pas sous la main un fusil auquel il sera tenté de recourir pour la faire triompher, si elle n'est pas celle de la majorité. »

Comme le général Chanzy, nous croyons que la garde nationale est absolument inutile; ceux qui pensent autrement sont ceux *qui voient dans la garde nationale autre chose qu'une garantie pour l'ordre.*

Le général Chanzy a écrit : *La deuxième armée de la Loire,* ouvrage qui constitue un recueil de documents curieux et qu'il est indispensable de lire si l'on tient à connaître parfaitement les opérations militaires de la deuxième armée de la Loire; on y trouve les rapports, les ordres du jour du général, ainsi que les instructions qu'il a données ou reçues.

Voici l'impression que nous a laissée la lecture de ce livre.

Le général Chanzy a été battu; mais la victoire a été chèrement achetée par l'ennemi : cela est d'autant plus à l'honneur du commandant en chef de la deuxième armée, que les plans stratégiques qui lui furent imposés par le dictateur Gambetta devaient fatalement conduire à un désastre *complet;* c'est grâce à l'habileté, à l'énergie du général Chanzy que la deuxième armée de la Loire est restée intacte.

La responsabilité de la défaite doit retomber sur M. Gambetta.

Le ministre de la guerre avait pressenti cette grave accusation; c'est pourquoi, sans doute dans le but de la prévenir, il ne craignit pas d'encenser en plein visage le général Chanzy, le qualifiant de « grand homme de guerre révélé par les derniers événements. »

Nous sommes heureux d'ajouter que cette flatterie par trop brutale, on est forcé de l'avouer, sera une vérité... dans l'avenir; — c'est notre conviction.

Oui, nous nous plaisons à le répéter : plus tard on appellera Chanzy un « grand homme de guerre. » Et savez-vous quand?

Ce sera lorsque l'heure de la vengeance aura sonné, lorsque Chanzy aura pu mettre son génie militaire au service de la France réorganisée, préparée à la guerre. Oui, le général Chanzy est un de nos généraux en qui la France doit le plus espérer. C'est, en effet, Chanzy qui, dans la dernière guerre, a montré, malgré les entraves d'une saison exceptionnellement rigoureuse, le plus d'habileté et de prudence dans ses manœuvres, le plus de prévoyance dans les mille détails qui touchent à l'administration d'une armée en campagne.

LE TRIO INFERNAL
BISMARK, MOLTKE, GUILLAUME
Par RIGAUD

4ᵉ édition. — In-8º, avec trois portraits. — Prix : 1 franc.

Voici ce qu'un écrivain fort compétent vient d'écrire sur ce livre plein de verve et de patriotisme :

« Il serait difficile de ramasser en moins de pages plus de faits, de les présenter avec plus de clarté ; en outre, l'auteur a la manière pittoresque et hardie de peindre ses idées, l'imagination de style que Thomas admirait chez Montaigne. Après cette lecture, on possède à fond ces trois figures si bien caractérisées : Bismarck, « nature perfide et hypocrite, l'âme de l'Allemagne » ; Moltke, « le génie du mal » ; Guillaume, « vieillard ivre de sang et d'orgueil, digne descendant de cette race étrange, comme disait Saint-Simon, raide d'allures, mais souple d'esprit, au cœur pieux, aux mains *prenantes*. »

« Un épilogue termine les trois biographies, ornées chacune d'un beau portrait : le crayon a rivalisé avec la plume. Cet épilogue est presque un hymne à la France ; mais l'enthousiasme patriotique du jeune écrivain ne lui a pas fait oublier un seul instant les droits de la vérité. Comme lui, l'espérance nous console et nous soutient ; avec lui, nous disons : « Désarmée, la France a résisté pendant six mois à la Prusse formidablement armée ; la France armée, préparée à la guerre, écrasera la Prusse. »

HENRI V
ET LES
PRINCES D'ORLÉANS
Par le prince Henry de VALORI

Septième édition. — In-12 de 72 pages. Prix : 75 cent.

Le Pacte. — Le Droit. — Les Bourbons. — Les Orléans. — La Réconciliation. — M. Thiers. — Conclusion.

Les titres seuls des chapitres indiquent assez le programme que l'auteur s'était tracé, et qu'il a traité, comme d'habitude, d'une manière magistrale.

Jamais, il faut l'avouer, le noble écrivain, qui a prédit tant d'événements et qui s'est fait une réputation par son talent si original, n'avait écrit des pages plus profondes et plus émues à la fois. — Cet écrit « admirable », comme l'a appelé M. Laurentie, est arrivé, en très-peu de temps, à sa septième édition.

LA

COMMUNE

Par MARC DE BEAUCHAMP

Deuxième édition.

I. Qu'est-ce que la Commune? — II. Égoïsme! — III. Ignorance. IV. La Commune de sang. — V. La Commune infernale. — VI. Paris devant la France. — VII. La statue de Voltaire. — VIII. Les journalistes canailles.

In-12 de 64 pages. — Prix : 50 centimes.

[Campagne de France 1870-1871

LES SOLDATS DU CHRIST

Par M. l'abbé Édouard MAILLARD

1 volume in-12 de 120 pages. — Prix : 1 franc.

« Nous bénissons la pensée qui a inspiré cet opuscule et nous en autorisons volontiers l'impression. »

† CHARLES-FRÉDÉRIC, *Évêque de Séez.*

LA JEUNESSE

DE

HENRI V

PAR

UN TÉMOIN DE LA VIE DU PRINCE

In-12. — Prix : 60 centimes.

CONSEILS AU PEUPLE

PAR LOUIS LEFRANÇAIS

Troisième édition. — In-12. Prix : 20 centimes.

L'auteur, *fils d'ouvrier*, comme il le dit lui-même, parle avec simplicité et franchise. Après avoir appris au peuple à répondre comme il convient « aux menteurs et aux charlatans qui le flattent pour le corrompre, » après avoir démasqué ses faux amis (chap. I et II), il dit très-bien « comment se font les révolutions et à qui elles profitent » (chap. III et IV) ; il montre ensuite ce que les démagogues entendent par les mots magiques de *liberté* et d'*égalité* (chap. III-VIII), quant à leur *fraternité*, il n'a pas de peine à montrer, l'histoire en main, qu'elle n'est autre chose que la « fraternité de Caïn, celle des loups et des tigres, celle de Robespierre et de Marat. » Les détails sont douloureux et les chiffres effrayants (chap. IX). Oui, « la patrie est en danger. » Mais, ce qu'il y a de plus effrayant, « c'est l'état des âmes. » Notre siècle a bien mérité la qualification que lui inflige l'auteur, quand il l'appelle « le siècle de la décadence morale » (X). Que faut-il faire ? « Chasser de nos demeures les marchands de phrases ; — rentrer dans les voies traditionnelles ; — ramener doucement ces pauvres ouvriers égarés que leurs souffrances rendent plus accessibles à l'erreur ; — s'associer pacifiquement, et, si l'on veut faire quelque chose de durable, l'établir sur des bases religieuses. »

LES DERNIÈRES VISIONS DU ROI GUILLAUME

Par Louis LEFRANÇAIS

Sixième édition. — Prix : 10 centimes.

PORTRAIT DU COMTE DE CHAMBORD

SUR BEAU PAPIER

(20 centimètres, marges non comprises)

Prix : 60 centimes.

Paris. — Imprimerie Viéville et Capiomont, rue des Poitevins, 6.

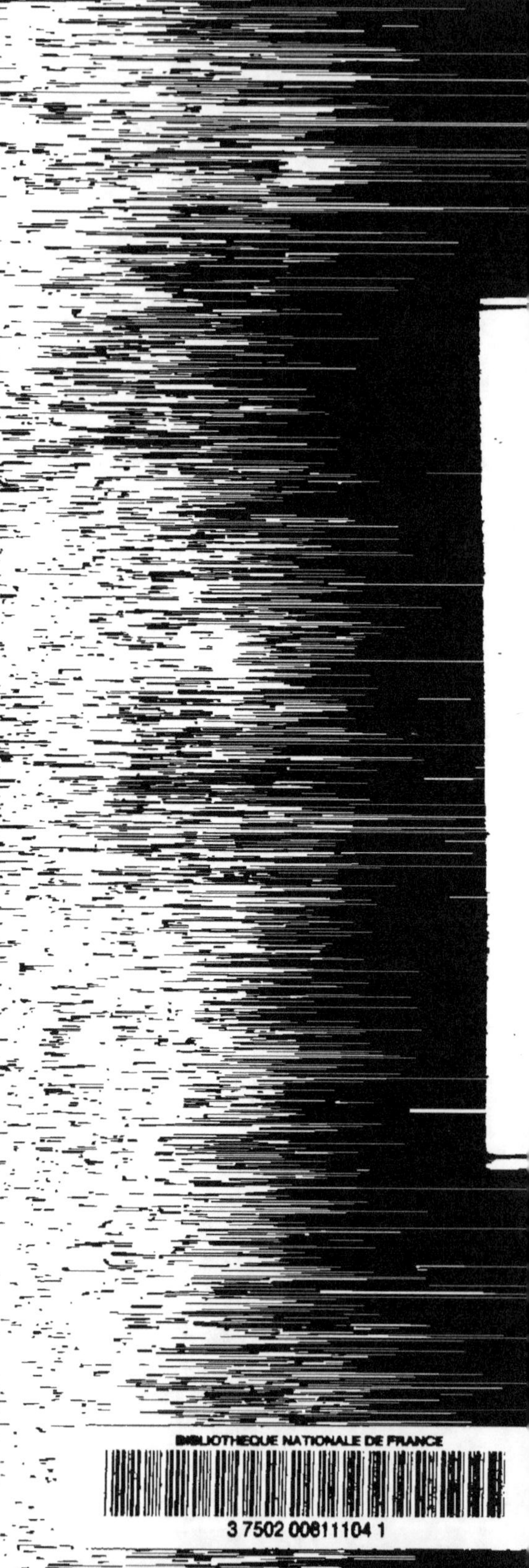